비 내리는 날은
사당동에 가고 싶다

비 내리는 날은
사당동에 가고 싶다

2021년 11월 21일 제 1판 인쇄 발행

지 은 이 | 최광림
펴 낸 이 | 박종래
펴 낸 곳 | 도서출판 시담

등록번호 | 301-2014-013
주   소 | 04552 서울시 중구 삼일대로8길 17 3~4층(충무로 2가)
대표전화 | 02)2277-2800
팩   스 | 02)2277-8945
이 메 일 | ms8944@chol.com

값 11,000원
ISBN 979-11-90721-08-0

※ 잘못 만들어진 책은 바꿔드립니다.
   이 책 내용의 일부 또는 전부를 재사용하려면
   반드시 저작권자의 동의를 얻어야 합니다.

최광림 시집

비 내리는 날은
사당동에 가고 싶다

도서출판 시담

Prologue

가엾고 측은한 내 시여

여섯 번째 시집 『비록 그대가 떠났어도...』
일곱 번째 시집 『괜찮다, 괜찮다, 다 괜찮다』가
제법 긴 시간 스테디셀러로 자리를 잡았다.

이어 몇 년 전 모교 정읍고등학교 교정에
상징탑과 더불어 내 시비가 세워졌다.
학교 측에서 3천 만 원의 제작비를 투입했다.
헌시만으로도 감사할 일인데 무던한 광영이다.

욕심 같아선 앞으로 몇 권의 시집을 더 상재하고
고향 선산에 작은 시비 하나 세우는 게 옴팡진 꿈이다.

만약 이 일이 생전에 성취된다면
글쟁이로 온 날을 살아온 내 가여운 영혼이

비상의 날개로 승천을 꿈꿀 것도 같다.

어쩌면 인생은 술잔 같은 것,
그 술잔 속 흔들림과도 같은 것이어라.

가엽고 측은한 내 시여, 내 분신이여,
그 전율과도 같은 곡진한 떨림이여,
다만 빛나는 은빛의 파장으로 날아오르라.

2021. 11. 15.
開雄山房에서 崔光林 識.

1부 · 겨울 바다

겨울 바다	14
헤어지기	15
사랑, 소야곡	16
사랑의 종말	18
사랑 곡哭	19
광암 연가	20
가을비	22
배신	23
선유도 그 후	24
개점휴업	26
파장금 항에서	28

차례

2부 · 너를 위한 나의 노래

채운 역 비가	32
개웅산 노을	34
그리운 사람에게?	36
안부	38
나나의 이별	40
꽃잎에 들어앉아	43
우리 누나	44
너를 위한 나의 노래	46
별 같은 그대	48
마음의 때	50
반의 반 만큼만	52

3부 • 부산에 눈 내리던 날

고독의 창	56
부산에 눈 내리던 날	57
겨울 갈대	60
산행 길에서	61
단풍잎 하나가	62
바람이 운다	63
곰팡이	64
영혼의 외유	66
작취昨醉	68
다복솔 한 그루	70
주례 유감	72

차례

4부 · 이천 십이년 섣달 스무날의 풍경화

외눈박이 세상풍경	76
어떤 장송곡	78
이천 십이년 섣달 스무날의 풍경화	79
그 해, 여름의 비망록	80
삶과 죽음의 간극	83
마지막 호소	84
2012년 12월 19일 새벽편지	86
원죄의 업보	89
패자의 변	90
3과 7의 방정식	92
길 위에서 길을 잃다	94

5부 · 다시 촛불 아래서

사랑극장	98
절망도 좌절도 사치다	100
견공이 존경스럽다	102
멀어진 꿈	105
어떻게 지내냐고요?	106
춥다 추워	107
보신각 타종	108
젊은 그대들이여, 미안하고 죄스럽다	109
이제는 제발 좀 안녕하게 해 달라	110
다시 촛불 아래서	112
성탄의 아침	114

차례

6부 · 비 내리는 날은 사당동에 가고 싶다

모교여 영원하라	116
도심 속 밀림지대	118
서울행 완행열차	119
고구마 줄기	123
함덕에서	124
두 친구	125
비 내리는 날은 사당동에 가고 싶다	127
복분자	130
우울한 작별	132
거짓말	134
큰놈과 짝	136
샛별처럼 찬란하여라	138
작은놈 결혼식	140
그래야만 하는 줄 알았습니다	141
Epilogue	144

1부

겨울 바다

겨울 바다

누가 겨울바다를
죽어있다고 하는가,

죽은 것은
바다가 아니라 사람이다

미움도
증오도
이곳에서는 다만 사치일 뿐

성난 파도의
심장을 꿰뚫고
내 삶의 남루한 편린들을 야유하며

나를 도살하는
저 눈.
눈.

헤어지기

차라리 덤덤하더라
아니 갈수록 초연해지더라

혹여 너 빈자리
휑한 바람이 스친다 치자

그리한들 세상은 야속하게도
나약한 너와 날 비웃으며
쉬임 없는 생성과 소멸을 반복한다

부질없는 것이 우리네 삶이라지만
마지막 인사인 양
습관처럼 소주를 털어 넣으며
피 토하듯
작별을 고하는 이 배반의 절정에서

울고불고
그렇다고 주저앉아 넋을 놓은 들
이까짓 초라한 삶이 대체 무슨 소용이랴.

사랑, 소야곡

외롭다고 하지 말라
혹여 그립다고도 말하지 말라

말하자면 우린
아무 생각도 없이 또 그렇게 기차를 탄다
다만 인생도 그리 흘러갈 뿐,

이젠 널
그리워하지도 아파하지도 않으리라

바람 따라 구름 따라 흘러온 길
레일도 끝이 난 종착역
목포 북항은 온통이 눈물이고 그리움뿐이다

먼발치
아득한 그리움을 적재한 채
외롭게 흔들리는 집어등 하나

이 한 목숨
그대 성찬의 재물로 사윈다 해도

결코 슬퍼하지 않으리라

천상의 고고한 학이 되어
내 온전한 반쪽으로 남고 싶다던
내가 사랑하는 그대여,
지금도 안녕하신가,

는개 비 스멀거리는
새벽녘 목포항에
그대가 사랑하는 내가
가을비에 젖은 바람의 노래 한 소절을
그대 불면의 창에 띄워 보내노라.

사랑의 종말

사랑이
미움으로 변하는 건 그렇다 쳐도
사랑이
증오로 변하는 건 차마 감당치 못하겠다

그날
북풍에 시린 낮달조차
고사목 우듬지에서 입술을 떨고 있었다

취하거나
흔들릴 때마다
저주의 화신으로 늘어만 가는 혈흔의 반점

그댈 사랑한 만큼
고통스런 삶의 무게를
감당키 버거운 이 천형의 날들이여,

상처 난 바람이
마른 육신에 풀무질을 해대면
파혈된 내 가슴엔
투욱—툭
또 하나의 금이 간다.

사랑 곡哭

낯 볼 붉힌 개울물에 푸른 하늘이 동동 떠가는 시월상달

코끝이 찡하도록
시큰하게 아려오는 저 바람 앞에서는
차라리 사랑이란 두 단어를 반납하고 싶다
그리움이란 두 글자도 폐기하고 싶다

그리움도, 사랑도 다시하지 않겠다.

광암 연가

챙 넓은 모자에
오늘처럼 바람이 감기는 날은
무작정 남해 먼 광암으로 가고 싶다

눈물 몇 조각
시리디 시린 눈이라도 퍼붓는 날은
그 부둣가 무심한 등대와 홀로 대적하고 싶다

행여 스치기만 해도
으스러질 그대 가냘픈 어깨 위에
내 젊은 날의 초상을 각인하며
망망한 바다 그 심연의 세계로
속절없이 무너져 내리고 싶다

질끈 동여맨 긴 머리칼에
스란치마 두어 가닥 나풀거리며
혹여 그 여인이 잊혀진 내 이름을 부르거든
바다여,
수신부재의 눈물 젖은 편지라도
연실에 칭칭 감아 띄워주게나

이제 그대는 가고
내 영혼의 빈 등불만 남아
저리 섧게 울부짖다
마침내 한 점 섬이 되어 흐르는
놀빛 붉은 광암의 시린 풍속도여,

야윈 그대 가슴에
죽어도 좋을
남루한 내 몸뚱어릴 통째로 저당하고 싶다.

가을비

바람조차 흐느끼는
가을비 한 자락에
마른 눈에 핑그르르 눈물이 돈다

수종사에 내리던 비
애틋한 사모의 숨결로 흘러
적석사 개울가엔 눈물이 한창이다

그대는 기억처럼
아픈 내 작은 가슴을 후비고
이내 하산에 분주한 저물녘

처마 끝
흐느끼는 풍경마저
시나브로 야윈 목 가늘어지면

비구승 독경소리
사랑 굿 한 소절로
내 가슴에 비수가 되어 꽂힌다.

배신

문풍지를 울리는
길 잃은 가을바람이
윙윙 소리 내어 운다

구슬픈 회억의 잔영과도 같은
그 호곡의 몸부림이
내 가슴 한켠에 칼날로 부서진다

그대 가고 없는
이 황량한 들판에서
눈물로 불러보는 애절한 한 소절의 사모곡

무심한 바람이사
세상사 다 그런 거라고
한 구절 법문으로 나를 달래보는데

아직도 널
널 사랑하지만
결코 용서할 수 없다.

선유도 그 후

선유도행 뱃머리에서
땡땡이 모양의 분홍색 원피스와
긴 머리칼이 노스탤지어로 나부꼈다

폐부를 찌르던
그 처절한 고독의 절대순수
새끼손 꼬며 신음처럼 번지던 수줍은 미소

그날 밤
선유도의 밤바다와 섬 전체는 온통
그녀가 내게 선물한 순정과 은혜의 징표였다

삼십년이 넘게 흐른 어느 여름날
쉰에서 절반을 세일한 풋풋한 그녀와
비바람에 실려 온 두물머리 해후

적당한 술기운과
거친 장대비에 포로가 된 그녀
내 가슴팍에 큐피드의 화살로 내리꽂히고,

격렬한 몸부림에
가쁜 숨을 고르던 간이침대는
밤새 노도가 되어 출렁거렸다

이렇듯 폭풍과 장대비가 유난히 몸살 앓던
그해 팔월의 치열했던 사랑의 비망록은
지금도 내 가슴에 큼지막한 종양으로 똬리를 틀고 있나니.

개점휴업

불현듯
여린 가슴에 큼지막한 종양을 선물하고
미로의 그 깊은 늪으로 눈부신 추락을 감행한
한 여인이 생각났다

수숫대처럼 깡마른
건조하기보다는 오히려 슬퍼서 더 찬란한 미백의
그런 육신의 반까지도 떼어주고
공복의 아침을 시장기로 달래던
눈꺼풀이 무거운 겨울 수은등처럼
그렇게 멀어져간
여인

그녀의 치마폭에선 간혹
우수에 젖은 선창의 애틋한 별이나
배 떠난 포구에 투항하는 노을냄새가 났다

때론
솟대보다 키가 더 훤칠한
용설란 마른줄기에 어쩌다 쉬어가는 바람같이

여인은 그렇게 남루한 고샅길을 떠돌다
마침내 한 점 섬이 되어
내 조락의 빈 뜰을 유영하고 싶었는지도
모를 일이다

추풍령이나
혹은 금오산 기슭을 어슬렁거리는
그 알싸한 바람의 언어들이
천 날의 기억들을 각인하고 현상한들
이제 와 대체 내게 무슨 소용이란 말인가,

이렇듯
이른 불볕에 투항한
한여름 밤 애증일지는
개●
점●
휴●
업●

오늘도 혹독한 한파에 지독한 몸살중이다.

파장금 항에서

마른 눈물뿐이더라

해풍에 밀려온
패랭이꽃 한 송이
갈대숲 사잇길에 숨어 울던 바람소리
파장금 항에 닻을 내린
연락선 뱃고동소리도
온통이 밋밋한 쓴웃음뿐이더라

스무 해 성상
통곡의 기억 저편에서 스멀거리는
그날의 처절한 비애
이백 아흔 두 명의 몸부림을,
그 진혼의 눅눅한 세레나데를
이제 사람들은 애써 외면한다

다만
만조직전의 갯벌에서
물찬 손놀림으로 바지락을 캐는
부산한 아낙의 삼지창 끝에서

율도국 재건의
희미한 신기루가 부활을 꿈꾼다

해도지지 않고
해도 뜨지 않는
내 가슴 속 여백의 슬픈 고도
위도여,
순후한 심성의 결정체여

널 위한
내 육신의 소신燒身도
이 밤 경건하기만 하여라.

2부

너를 위한 나의 노래

채운 역 비가

두고 온 여인이 그립다
떠나간 여인도 보고 싶다

황량한 들판을 훑어 내리는
길 잃은 겨울바람

그림자도 외로운
고즈넉한 간이역사에
녹이 슨 톱밥난로가
홀로
허기진 배를 추억으로 채운다

얼 만큼 더 외로워져야
가녀린 네
손 붙잡을 수 있을까,
그 손에
내가 안겨
한 조각 구름으로 떠돌 수 있을까,

별리의 슬픈 세레나데가

가슴팍을 쥐어뜯고
입영열차도 외면하던 철길엔
꽃잎지듯
아롱아롱 눈물이 어려

나는 되돌아서서
눈보라 속에 현상되는
한 여인의 이름을 애타게 불러본다

그대여,
내 사랑했던 그대여.

개웅산 노을

개웅산 정상에 서면
팔각정이 일어서서 인사를 한다

관악산과 도덕산을 끄잡아
그림 같은 풍경들을 손짓하며 부른다

늦봄
팔랑이는 나뭇잎 푸른 등줄기 사이로
마침내 모습을 드러내는
서
해
낙
조

온 산이 불덩이처럼 달아올라
급기야 내 몸에도 신열이 인다

언제부턴가
가슴 깊이 심어둔 비밀스런 사랑 하나
꽃씨를 심듯 언약들을 주워 담으면,

사랑은 저렇듯
잘 숙성된 노을이 되어
나를 꼼짝 못하게 옭아매곤 했었다.

그리운 사람에게?

그는
편지 제목을 '그리운 사람에게'라고 썼다

불현듯
교도소에서 날아온 한 통의 편지

돈 떼먹고 쫓기다
결국 그곳을 안전한 피신처로 택했다

핏기없는 얼굴에
영혼까지 쇠락한
오십 후반의 허깨비 같은 실체여,

미결의 갈색 수의가
파르르 갈잎으로 흔들거렸다

내 돈은 죽어도 안 떼먹겠다며
영치금을 넣어달라던 그 가련한 눈빛
나는 멍한 정신으로
턱밑에서 깜빡거리는 전자시계를 응시했다

남은 접견시간 1분

"건강 잘 챙기고 힘내!"

내 가슴엔 또 하나의 금이 가고
밖은 세찬 바람에 눈보라가 울었다

가산 디지털단지 환승 길에서
영치금 십만 원에 바닥이 드러난
주머니를 뒤적거리다
오백 원짜리 오뎅에 뜨거운 국물 한 잔으로
여정에 지친 일곱 시간의 허기를 달랬다

'아직도 나는 너의 마지막 남은 양심을 믿는다.'

주문을 걸듯
속옛말을 중얼거리며
후들거리는 두 다리를 난간에 지탱하고
지하철 계단을 내려서는
나는 이 땅의 무기력하고도 평범한 소시민이다.

안부

이맘때면
모든 것이 그리워진다

마지막 남은
헨리의 잎새처럼
푸들푸들
가는 입술을 떨며
덩그러니 매달린 월력 한 장

이 앞에 서면
옹이 진 가슴에 천형과도 같은
그런 사랑 하나 남겨두고
울며불며 떠나간 사람도
모두 다 보고 싶어진다

가파른 언덕을 넘고
긴 겨울 강을 건너
마침내 실루엣으로 흐르는 낮은 음계의 옥타브

'잘 있어?'
'잘 있지?'

여백의 행간마다
삽살스레 여울지는
이 짧고 투박한 안부가
얼마나 내 가슴을 뛰게 하는지,
그리고 그것이
눈가의 한 조각 이슬로 맺혀 가는지,

내가 그대를
그대가 또 나를,
서로의 안부를 묻고
따뜻한 손 내밀 수 있는
우리가 있어
이 추운 겨울이
마냥 행복하다

오늘도 나는
바람 부는 언덕에 서서
소리쳐 너의 안부를 호명하느니

그대 행복하시라,
정녕 행복하시라.

나나의 이별

마지막
홀로 가는 어두운 밤길조차
아픈 내색 기척조차 없이
끝끝내 눈조차 감지 않았다

녀석도 아마
십오 년을 정이 든
가족과의 작별을 속울음으로 달랬으리라

아내는
속세와의 인연을 끊은 녀석을 품에 안고
벌써 몇 시간을 훌쩍거리고 있다

네 식구가 번갈아가며
안아보다가
시커멓게 굳어가는 녀석의 몸뚱어리를
애처롭게 응시하면서
우리는 오랫동안 그렇게 말이 없었다

온 가족 모두가

이 한여름 새벽에
네 가는 길을 지켜보면서
마지막 인사란 늘 이렇게 슬픈 것임을,
그래서 살아있는 동안 더 사랑해야 한다는
또 하나의 다짐을
선물인 양 살포시 던져주고
그렇게 먼 길 떠나는구나

꼬리가 떨어지게
반갑게 달려와 양말까지 벗겨가며
재롱을 떨다, 때론 심술을 부리다가
보슬비 내리는 이 새벽에
홀연히 천국으로 가는 하늘 행 열차를 탔구나

세상 무엇보다 기특한 건
부정과 배신을 밥 먹듯 하는 인간들에게,
썩어빠진 이 혼탁한 사회에
변치 않는 믿음과 희망을 남겨주고
스치는 바람인 양 훠이훠이 날아갔구나

그 뜨거운 불구덩이에 육신을 던지더니
이내 한 주먹의 좁쌀로 돌아와
네 빈자리를 향불로 채우고
파수꾼이 되어 빈집을 지키고 있구나
엄마, 아빨 기다리고 있구나

울 예쁜 땡순이
사랑스런 나나야,
가끔은 엄마 품이 몹시도 그립겠구나
그곳에 가서라도
엄마, 아빠, 오빠들 생각이 나면
한밤중 어둡고 먼 길도
언제든지 불 밝히고 오너라

지난 십오 년
울 땡순이 나나가 곁에 있어
가족 모두 행복했다
고맙다
사랑한다.

꽃잎에 들어앉아

흰 꽃
붉은 꽃
흐드러진 철쭉꽃밭에 들어앉아
하늘을 보면,

푸른 하늘도 꽃이 되고
흐르는 구름도 꽃이 된다

혹한의 기나긴 밤을
견뎌온 무게만큼
주렁주렁 멍울진 저 통고의 성찬이여,

사무친 그리움에
이 환장할 봄날
다소곳이 그대 안에

나도 꽃이고 싶다
그 꽃 되어 내리고 싶다.

우리 누나

내 나이 열여섯
유일한 로망의 전부였던 누나가
오늘 하늘 여행을 떠났다

스물 둘의
서울 살던 누나는
항상 긴 머리에 땡땡이 치마를 입었다

칠백 리 길을
고속버스를 타고 올 때마다
터미널엔 항상 눈이 내렸다

"잘 있었어?"
긴 머리카락을 쓸어내리며
살포시 끌어안고 여린 등을 토닥이던 누나

스테파네트와 양치기 목동 같은
이별과 재회는 늘
눈시울 적시는 저물녘 노을을 닮곤 했다

내 마음속 신화 같던
그런 예순 일곱의 누나가
마침내 저승행 열차를 탔다

차디찬 눈밭을 서성이며
긴 밤을 홀로 우는 겨울새
그렇게 누나는 새가 되었을까,

어차피 인생이란
홀로 왔다가 홀로 가는 것
텅 빈 내 가슴엔 또 하나의 금이 간다.

너를 위한 나의 노래

열두 폭 청산도가
설산 봉우리 운무 속에 둥둥둥
학처럼 떠가더라

태화산 아래 그 깊은 골 어디쯤
깨복쟁이 내 친구 한 녀석이
짖지도 못하는 홍시와 더불어 온종일
자맥질을 하거나
어쩌다 심심한 날은
밤하늘의 별을 따고 있다

한때는 동무들의 우상과도 같았던
그가
교장 선생이란 직함에 당당한 삶을 경영하더니
정년 목전에서 돌싱을 자처하고
혼밥을 먹는 신세가 됐다

세상 누구 탓도 아닌
그가 선택한 길
어쩌면 감히 상상도 못 할 위대한 결정이다

해지고 날 저물면
더구나 찬바람 몰아치고
눈이라도 펑펑 쏟아지는 날이면
가슴이 저려 짖지도 못하는 홍시와
네 생각에 차마 눈물겹지만,
간혹 네 아픈 삶의 편린이
내 가슴팍에 비수로 내리꽂히기도 하지만

우리네 삶이란
잠시 머물다 가는
구름이거나 혹은 바람이려니

눈 딱 감고
그냥 늦둥이나 하나 만들어라

떡두꺼비 같은 그런
고얀 녀석 하나 놓거라.

별 같은 그대

언제부터인가
서울 하늘에
안산의 하늘에도 별이 뜨기 시작했다

달동네 산 번지나
혹은 서민촌 연립주택 옥상에도
흔들리는 촛불처럼 별들이 떴다

하지만 그 별들은
반짝반짝 빛나는 것이 아니라
간혹 속울음을 토하거나
몸서리를 쳐가며
꺼억꺼억 소리 내어 울기도 했다

어쩌면 그 소리는
물속 깊은 곳 추위에 몸을 떨며
살려달라고 애원하는 절규의 몸부림같이
그렇게 가물가물
흔들거리며 오늘도 별이 떴다

상처 난 내 가슴 그 깊은 한편에도
이천 십사 년 사월 열엿새 아침
삼백 네 개의 별이 뜨기 시작했다

별 같은 그대는
별이 되고

꽃잎 같은 그대는
꽃잎이 되어

등불 하나 주마등으로 내어 걸고
비원의 눈물 강물로 넘쳐
초사흘 눈썹달 내려앉은
어머니 치마폭에
순한 양이 되어 앉거라

아니 투사가 되어
그 눈물 닦아주어라.

마음의 때

아내의 성화에 못 이겨
동네 목욕탕에 갔다

달포 전 추석빔으로
세척한 몸뚱어리가
종래 수명을 다한 모양이리라

남은 오기마저 패대기 하듯
전신을 박박 문지르자
기어코 다투어 추락하는
저 각질의 흉물스러운 입자여,

이내
붉은 반점으로 얽힌 뽀얀 속살이
봄날 아지랑이처럼 새록새록 돋는데

아직도
오장육부에 달라붙어 기생하는 마음의 때는
억겁의 허물을 뒤집어쓴 채
배설의 욕망을 채질할 때마다

복부 통증에 명치끝이 무던히도 아리다

뜨거운 태양에
젖은 몸을 말려도
펄펄 끓는 물에
몸뚱이를 내던져도
지워지지 않는 한 무더기 마음의 때를
어찌할거나,

정녕 어찌할거나.

반의 반 만큼만

다세대 주택 옥탑 평상에 드러누워
무심코 하늘을 올려다본다

살아온 날들의 지난 흔적들이
뒤엉킨 실타래처럼
아득한 현기증에 멀미가 도진다

살아온 날보다
살아갈 날들이 자꾸만 짧아지는 지금
이렇게나마 저 하늘 마주하고 있음에
용하기도 하거니와
차마 행복하여라

지천명의 중반을 힘겹게 달려와
삶의 궤적으로 치자면
칠부 능선을 넘어서는 마당에

다만 딱 하나
욕심을 부리자면
내 남은 얼마간의 날들이

살아온 날들의 반만큼만,
아니 반의 반 만큼이라도
그리되었음 싶다

그렇게
가볍고 편안한 마음으로
마지막 인사라도 할 수 있었음 좋겠다.

3부

부산에 눈 내리던 날

고독의 창

노랗게 물든 은행잎에
촌티 나던 네 이름을 썼다가
침 발라가며 지우던 그 아슴한 기억처럼,

늦가을 고독의 창에
가냘픈 실루엣으로 되살아오는
쓸쓸한 너의 잔영에 눈시울이 뜨겁다

모든 것은 가버리면 그뿐
악령의 화신인 양 손 흔들며 돌아서지만
널 사랑한다는 그 말만은 아직도 유효하다.

부산에 눈 내리던 날

"부산에 눈 내리는 날
열차대가리를 쥐어틀고서라도
널 보러 갈거다"

"확률 상 희박하다고
막 던지시는 건 아니죠?"

이, 삼년 만에
한번 볼까말까 한 눈이라는데
그렇다면 수백분의 일도 넘는 확률이
비로소 오늘에야 적중했다

"오라버니,
여기 부산에 눈 와요
꺄, 눈이 펑펑!"

"그럼 나 간다."

"오세요, 오세요, 네, 진짜루…"

그래, 숨죽이던 감정을
복원해주는
이런 눈물겨운 인연도 다 있구나

지천에 눈꽃이 만발한
부산행 설국열차
누이라는 이름의 그녀가
올 겨울
내게 선물한 아슴한 사랑의 징표다

부산역 앞
북항의 눈 내리던 풍경이나
광안리 앞바다의
넘실거리던 파도와 현란한 불빛들이,
아니
수줍은 그녀의 미소와
나풀거리던 긴 머리칼 한 가닥이
이제 내 빈약한 가슴에
수초로 피어나거나
채혈된 한 조각 사랑으로 각인되어

오래도록
무디어지는 내 감성을 자맥질하리라

이렇듯 사나흘
정분에 흠뻑 취해도 좋을
그녀의 긴 머리카락에서
밤새
눈꽃이 만발한 겨울 냄새가 났다.

겨울 갈대

갈대가 울고 있더라
눈보라 속에서

가슴으로 울고 있더라
몸은 반쯤 뻘 밭에 묻고

사무친 애증
그래, 몇 마장이냐

누가 그리워
저리 섧게 울부짖는가,

내 마른 육신도
저 갈대와 같아
그대 곁에 눕고 싶어라

눈물바람으로
서로 얼굴 비벼가며
그렇게 한없이 울고 싶어라.

산행 길에서

가을볕 한 조각이
붉노란 단풍으로 여울지는
심심한 대낮

인수봉을 베고 누워
도봉의 매무새를 훔치다 보면

새털구름 몇 가닥
신행길에 접어들고

새아씨 벌건 볼에 산불이 일어

여백의 행간마다
그리움 두어 송이
수채화로 불이 붙는

지금쯤 그곳에도
열꽃 한창이겠다.

단풍잎 하나가

웃고 떠드는 건
그들만의 산술이다

형형색색 저리 곱다고
제 흥에 겨운 것도
그들만의 속셈이다

저 붉고 노란 몸치장이
제 살 깎아 소신한 마지막 인사요
피맺힌 절규의 몸부림임을,

그대여,
너는 아느냐.

바람이 운다

바람이 분다
바람이 울어

갈대도 울고
잎새도 운다

수채화 속 대숲 넘어
청보리밭 황톳길로
긴 머리칼 나풀대며 사라져 간 여인아.

바람이 운다

갈대가 울고,
잎새가 울고
내 가슴도 따라 운다.

곰팡이

꼭대기 층이라
온갖 잡것들이 다 달라붙어
동거를 하자고 안달이다

개미
바퀴벌레
오줌싸개, 풍뎅이
심지어
장마철이나 혹한에는
곰팡이까지 덩달아 세간살이에 합류한다

아내의 단골 메뉴인
달동네 산 번지의 풍경은
바로 이런 것

젖은 수건에 식초를 묻혀
벽을 박박 문질러도
박제된 벽화는 옴짝달싹 않는다

만약 우리가

어차피 맞이할 고통이라면
차라리 즐기는 것이 지혜이듯

그렇게 두고 보리라

그래도 내 가슴에
어쩌다 한 번씩 곰팡이가 핀다

푸르디푸른 곰팡이가
간혹
새 살로 돋아 오른다.

영혼의 외유

지천명도
한참을 넘어선 이 나이에

객기로
뛰고 또 뛰고
붓고 또 붓고

그러다가 끝내는
설(서울) 역에서 개봉역을 까먹고
그 먼 송내역까지 흘러왔다

내 육신은
온통 오줌 사태
한바탕 배설에
일순 터질듯한 긴장이 녹아내리고
비로소 나는 일탈한 궤도에서
다시 돌아갈 길을 찾는다

목적지를 외면하고
한참을 멀리 와버린 것은

육신이 아니라
어쩌면
내 영혼의 절규와도 같은
간절한 외유였으리라

그렇게 다만
아주 멀리로 소멸하고픈
꿈틀대던 욕망의 사주
바로 그것이었으리라
속박당한 영혼의 반란과도 같았던.

작취 昨醉

취한다는 것
참 즐거운 일이다
그래서
나도 덩달아 울고불고한다는 것
그 또한 행복한 일이다

아무려나 사람들이사
자신들이 설정한 값에
끼워 넣는 식의 논리를
강요하거나 주입하며
모두들 그렇게 살아간다

그것들이
하도 슬퍼서
아니 못된 짓만 같아서

연거푸 털어 넣은 몇 잔의 술이
노을 진 한강변에 침잠할 무렵

비로소 나는

혼자이고
빈손임을 깨닫는다

멀어져 간 그대는
저렇듯
눈물인 듯 야위어만 가는데.

다복솔 한 그루

어느 날
십억을 호가한다는 소나무가
카톡에 실려 왔다

내 목숨값은
이 소나무의 반
아니 이 반의 절반이라도 될까?

아름다운 자태
신비로운 경이,
다복솔 한 그루 앞에 두고도
마음 한구석이 아려오는
이 지랄 맞고 씁쓸한 기분,

비단 길고도 깊은
겨울밤
가랑이 사이를 스멀거리는 한 토막 비애처럼
음부를 파고드는
배신의 날을 치켜세운
차디찬 바람 탓만은 아니리라

소나무여,
그 반의 반 값으로
차라리 나를 사라.

주례 유감

오늘은 초등 친구 큰아들 주례를 섰다
사당동 웨딩의 전당 그랜드 홀

내 나이 삼십 후반,
좀 더 정확하게 말하자면
서른여덟에 신문사 여기자 주례를 섰는데
그 당시는 하객들이 주례인지, 신랑인지를 혼동했었다
그만큼 나도 너무 늙었다

일전 재혼하는 친구의 주례에서는
두 사람이 잘 먹고 잘살라는 덕담이 포인트였는데
오늘은 서로의 존경과 배려에 무게를 실었다
다투어 주례예약을 부탁하는 친구들을 보면서
남은 날들이 또 실속 없는 장사로 몸살을 앓겠구나,
문득 씁쓰름한 미소가 입가를 맴돌았다

양복에 갈비 세트가 아니더라도
그래도 나는 이 일이 세상 무엇보다 즐겁다
둘이 하나 되어 새 출발을 다짐하는
이 거룩하고 경건한 자리에

증인이 된다는 것 자체가,
그래서 그들이 성실하고 행복한 삶을 가꾸어간다면
이보다 더한 기쁨도 흔치 않을까 싶다

영광의 전리품과도 같은
대단한 수고의 부산물로 획득된
흰 장갑과 꽃 한 송이,
언제나 그렇듯
아내는 내심 못마땅한 눈치지만
요즘은 간혹 그 수고로움의 대가에 감격하기도 한다

늘 비우고 버린다지만
아직은 험난하고 너무 먼 길,
그래도 참사랑은 받는 것이 아니라
주는 것이라는 그 기본적인 산술공식에
나는 서서히 익숙해지고 있는 것이다

그만큼 나는
가랑비에 속옷 젖듯
어쩌면 너무 늙어버렸다.

4부

이천 십이년 섣달 스무날의 풍경화

외눈박이 세상풍경

 햇살에 나를 말린다. 수척해진 육신을 통째로 말린다.
 저울질하기에는 민망하고 죄스런 겨우내 두툼한 피륙으로 응고된 나를 보채 밖으로 나왔다. 고사 직전의 햇살, 한줌 수혈로 충혈된 그 정수리에 불화살을 쏘아대듯 빨래를 널듯이 내 내장의 전부를 장대 끝에 매달아 옥상에 걸어두었다. 홀대 받던 종양부스러기 몇 조각, 톡톡 알밤이 벌 듯 후드득 소나기로 내리쳤다. 빈약한 아랫도리가 고사목 우듬지에 운명을 건 나뭇잎처럼 애처롭게 팔랑거렸다. 한식경 공복으로 뱃가죽이 등짝에 달라붙은 게걸스런 주인은 아직 부재중, 나무들은 저마다 핵우산 같은 곰팡이를 둘러쓰고 늘 그랬듯 물동이를 머리에 인 요염한 여인은 세상을 외면한다. 닭 모가지를 비틀면 정오의 열차는 삐걱거리다 끝내 궤도이탈을 자초한다. 산과 들이 일어서서 허기진 배를 움켜쥐고 농양부스러기를 쥐어짠다. 말라비틀어진 강바닥에 널브러진 사체들, 썩은 나뭇조각이나 부식된 콘크리트 한 줌도 생명인 양 사체의 행렬에 동참한다.
 결별을 작정한 그녀가 어느 간이역쯤에서 값싼 순정의 희생양으로 포란의 음모를 도모할 시간, 건조한 발등을 적시는 짭조름한 몇 방울 눈물, 핏기 잃은 희망에 육신조차 내던진 긴긴 어느 해 겨울. 거꾸로 세상을 응시하는 내 눈은 외눈박이다. 쩔룩거리는 문둥이다. 그 문둥이의 찬란한 절규다.

어떤 장송곡

바람은
거부할 수 없는
또 하나의 위대한 장송곡

이름 없이 죽어간 것들의
원혼을 달래며
다만 낮은 곳으로 고개를 숙이고,

시월 상달
잘 익은 햇살이
베란다 귀퉁이에 둥지를 틀면

영혼마저 고갈된
마른 육신에
절름거리는 미시未時의 허망한 몸부림

빨랫줄에 굴비를 엮듯
앙상한 뼈다귀만 흉물스런
나는 장송곡의 주인공이 된다.

이천 십이년 섣달 스무날의 풍경화

낮술에 취한 하늘이 비틀거린다
얼어붙은 겨울 해 한 조각도 조롱하듯 찔룩거린다
바람도 흥청망청 미친년 속치마를 훑어 내린다

언제부턴가 하늘색이 붉은색으로 갈아입더니
건물 옥상마다 빨간색 목도리가 신바람이 났다
징 치고, 장구 치고, 꽹과리 파열음이 신천지를 개벽한다

독재의 대물림에 농락당한 저 고약한 구린내
썩어 문드러진 문둥이 발가락 코끝이 찡하다
그리고 사람들은 끝끝내 아무 말도 하지 않았다.

그 해, 여름의 비망록

누가
뭐 먹고 사냐고 묻길래
글을 먹고 삽니다

누군가
뭐 먹고 잘 사냐고 또 묻길래
시를 먹고 삽니다

누군가 내게
무슨 복으로 사느냐고 묻는다면
잘난 잡년 놈들 덕이라고 합니다

평생을
글 쓰고, 시 붙잡고
양푼에 엉겨 붙은
밥알 몇 개 우물거리는 것도
한때는 행복이었다

자유가 있고,
정의가 살아있고,

피로써 쟁취한 민주주의와
비록 소박하지만
내일을 꿈꿀 수 있는 간절한 그 무엇이 있었기에,

그런데 어느 날
감금과 대북심리전으로,
NLL 포기에 종북 빨갱이로,
납치된 민주주의와
독선과 오만, 불통과 뻔뻔함으로
푸른 집을 날치기 한 년 놈들의 추악한 추태 앞에
나는
사지가 뒤틀리고 절름발이가 되었다

이제는
글도 시도
비겁한 소시민의 한사람인 내가,
목 놓아 울고 있는 그대들을 위해
할 수 있는 일은 아무 것도 없다
죄스러움도 사치일 수 있는 이 마당에
빼앗긴 영혼을 위로하며

불러줄 한 소절의 노래조차 바닥이 났다
그런 까닭에
이천 십 삼년 올 여름은
타는 목마름에 지친
혹독한 설국의 수채화로
다투어 괴사하는 여린 영혼들이
촛불을 들어 횃불로 반도를 태울 것이다

정말 닭 모가지를 비틀어야
신 새벽이 올 것인가.

에이 오살헐,
에이 염병헐,
청천하늘에 날벼락 맞아 뒈질 년 놈들아.

삶과 죽음의 간극

 하루걸러 애경사다. 간혹 짜증스럽기도 하지만 뜻하지 않은 해후나 조우들이 그저 반갑다. 다만 식사시간과 맞물린 문상은 늘 곤혹스럽다. 한 술 뜨라고 성화들인데 난 기껏해야 소주 몇 잔에 땅콩 몇 개, 그걸로 땡이다. 그래도 요즘은 떡을 하나 집어 든다던가 머리고기도 한두 점 정도는 거뜬히 해치운다. 술잔이 입술에 닿는 것조차 금기시 했던 예전에 비하면 상당한 진화다. 아무튼 버릇 치고는 참 못된 버릇이다. 근데 왜 초상집마다 국들을 뻘건 육개장으로 통일하는지 알다가도 모르겠다. 참 기이한 연상 작용인데 그 시뻘건 국물을 보면 피투성이가 된 망자의 시신이 떠오른다. 이 해괴망측한 대입기법이 나를 늘 다이어트로 내몬다. 살을 좀 붙이자면 두어 그릇 쯤 게걸스럽게 해치우는 문상객을 보면 감탄사가 절로 나온다. 삶과 죽음의 간극- 그렇다. 살기 위해선 저렇듯 악착같이 폭식을 주저하지 말아야 한다. 어쩌면 이 거친 행위가 산자들의 삶의 표식을 증거 하는 징표와도 같은 것일 테니까. 돌아오는 길에는 또 그 고약한 치통이 고개를 내밀었다. 전철조차 혹심한 한파에 얼어붙고 아직도 길은 미끄럽고 위태롭다.

마지막 호소

 이제 국운이 걸린 마지막 남은 운명의 시간은 마흔에 한 둘을 뺀 촌음이고 일각만이 우리 앞에 놓여져 있다. 어쩌면 거센 폭풍우에 몸뚱어리를 내맡긴 헨리의 마지막 잎새, 과녁을 향해 시위 떠난 살의 몸부림과도 같은 전율에 가슴이 아려온다. 아득한 현기증을 동반하고 점령군처럼 상처 난 가슴을 후벼대는 저 눅눅하고 어두운 그림자. 밤은 깊고 촘촘한 침묵은 두렵다.

 우린 늘 그랬다. 가버린 사람을 못 잊어 그리워하듯이, 혹은 떠난 열차 꽁무니에 손을 흔들어대며 꺼억꺼억 목청을 높인다 한들 텅 빈 간이역에서 할 수 있는 일이라곤 아무것도 없다. 통곡도 사치임을 알게 될 때 비로소 방관과 유기가 얼마나 큰 죄요, 업보임을 우린 이미 수많은 학습을 통해 익히 체험해왔다. 죽어간 것들에게 한풀이 굿판이나 천도제가 다 무슨 소용이랴. 그러기에 우린 결코 두 번 다시 이런 어리석음을 답습하는 불행을 자초할 순 없다.

 오늘 아침이라도 당장 누군가 나서서 이렇게 큰소리치고 삿대질이라도 퍼부었음 좋겠다. "오만한 탓에 총선은

망쳤습니다만 이번 대선만큼은 민심을 받들어 겸허한 성찰로 거듭나겠습니다. 그래서 사람이 먼저인, 사람이 사람답게 살 수 있는 새 시대를 열겠습니다. 마지막으로 한 번만 더 기회를 주십시오!"

최선이 아니면 차선이라고 했다. 내 한 표에 국운이 좌우되고 오천 만 겨레의 행복과 미래가 달려있다. 모두 빠짐없이 신성한 한 표의 주권을 행사하자. 그런 후 혼내더라도 때는 늦지 않았다.

2012년 12월 19일 새벽편지

　불의에 대한 항거인지 졸렬한 인간에 대한 경종인지 이곳은 추위가 매섭습니다. 이 시인님, 지금 이 시간 낯선 땅 이국에 발을 내려놓고 계시는군요. 대부분 물을 건너면 사람들은 애국자가 된다고 합니다. 내 조국, 내 겨레를 사랑하지 않는 이가 세상 어디 있겠습니까만 양비론이나 빨갱이론에 목을 매단 극우가 아니라면 환영할 만 한 일입니다.

　뜬눈으로 지새우는 이 밤이 너무나도 길고 깊습니다. 설움이 봇물처럼 폐부를 찌르는 이런 날 앙가슴 풀어헤치고 눈 콧물 질펀하게 질질 짜대며 밤새 대작할 수 있는 그런 친구가 둘도 아닌 딱 하나 내 곁에 있었으면 참 좋겠습니다. 그와 마주앉아 속 깊이 묻어두었던 비밀한 고해성사라도 한 소절 반주로 얹히고 싶습니다. 지난 날 불의에 분연히 항거하지 못한 내 소시민적 비겁성을 질타하고 곪아 터진 환부에 예리한 메스를 들이대고 싶습니다. 비록 때늦은 감은 있지만 그래도 아직 우리에게 실낱같은 꿈 한 조각쯤은 존재하기에 희망의 그 끈을 결코 놓고 싶지 않은 절절한 까닭에서입니다. 요기 베라의 'It ain't over till it's over'가 아니라도 말입니다.

오랜 기다림이었습니다. 너무나도 깊고 슬픈 침묵이었습니다. 딱 시침이 한 바퀴를 선회하고 덤으로 남은 계기판을 훑어 내리면 정말 사람이 먼저인, 사람이 사람답게 사는 새 시대의 문이 활짝 열리고 온갖 꽃 또한 만개하리라 믿어 의심치 않습니다. 이렇게 이 땅의 살아있는 지성이 총 궐기하는 날 그땐 정말이지 적당한 작취에 시달려도 행복할 일입니다.

'선생님은 절대 정치 곁에도 가지마세요.' 제자인 한 여류 시백이 오래 전 제게 당부한 일침입니다. 글쟁이의 알량한 명예 나부랭이라도 붙잡고 있으라는 뜻이겠지요. 그 말이 골수에 박혀 지금까지 구린내 고약한 정치냄새조차 싫어했습니다. 그런 내 자신이 이렇게 꿈틀거리고 있음은 아직도 살아 숨 쉬고 있다는 표식일 게고 지난 날 방관과 비겁에 대한 진지한 성찰의 산물입니다. 아니 그보다 내 자식들에게만큼은 이 부정의하고 비굴한 유산들을 유전인자로 진상하고 싶지 않은 까닭입니다.

벌써 여명이 몰려올 시간입니다. 이제 생각이 있는 모든 유권자들은 투표소로 발걸음을 재촉할 것이고 또 그곳에서 우리는 희망의 씨알이 움트는 경이로움과 조우하게 될 것입니다. 최선이 아닌 차선에게라도 지속적인 성원과 격려를 보낸다면, 그래서 당사자가 겸허한 성찰을 전제로 국민과 소통하고 민심에 귀 기울인다면 우리는 또 꿈이 있는 내일을 기약해도 좋습니다.

건전한 사고로 무장한 외국 교민들의 여론까지 얹혀 주심 고맙습니다. 아니, 그런 그들이 장하고 대견스럽습니다.

이 시인님, 먼 타국에서라도 조국과 겨레를 위해, 이 땅의 남루한 소시민들을 위해 기도해 주십시오. 의미 충만한 유람이 되시기 바랍니다. 대한국민 만세!

원죄의 업보

 범접할 수 없는 슬픔 앞에서는 세월도 그렇게 큰 위력을 발휘하지 못한다. 감당 못할 슬픔은 늘 무채색으로 간혹 내 목을 옥죄어오거나 딴은 주변의 안위조차 위태롭게 한다. 변명하자면 아직도 갈 길은 멀기만 하고 또 길은 미끄럽기 때문이다.

 주최 측의 농간(?)에 유린당한 잔치는 끝나고 칼날을 틀어쥔 피 흘림의 몸부림이 이제 와 대체 무슨 소용이랴, 수십만의 청원이나 서명이, 설정한 세팅 값에 의해 기계적으로 작동되는 로지스틱 함수의 논리도 어찌 보면 죄다 부질없는 일이다. 그만큼 나는 무력해지고 쇠약해졌으므로... ...

 다만 아직도 눈곱만큼의 억울함이 잔존한다면 그것은 바로 팔순이 넘은 노모나 빙모, 심지어 그 이웃의 사촌들까지 얼음장 같은 투표소로 밀어 넣었다는 점이다. 나는 평생 그 빚을 탕감하기 위해 밤마다 사주팔자에도 없는 옹알이를 해야 한다. 참 지독한 원죄의 업보다.

패자의 변

또 나는 패배했다.

지금까지 지천명의 긴 강을 건너면서 패배에 익숙해진 패배 광신주의자, 어찌 보면 살아온 무게만큼 단련된 학습효과의 결과다. 아니 이 땅의 동정, 지독한 온정주의가 나를 그렇게 만들었다. 불의에 분연히 항거하거나 진정한 자기성찰도 단지 화려한 포장과 수식의 현란한 수사였다. 그렇다고 만에 하나, 내 패배를 위로하거나 동정의 눈길을 보낸다면 나는 그것들을 짓이겨 휴지통에 처박아버릴 것이다.

이젠 이 땅의 생명체 있는 모든 것들을 사랑하지 않기로 했다. 바꾸어 말하자면 사랑받지 않겠노라는 말이 옳겠다. 그럴 자격도 없는, 시시콜콜한 허접 나부랭이 같은 년 놈들끼리 그딴 걸 주고받아야 대체 무슨 소용이랴.

이 땅의 모든 영혼들을 불러 모아 초혼제를 하고 미친 듯이 한풀이 한마당 굿판을 벌인다고 해도 달라질 것은 아무 것도 없다. 살아 꿈틀거리는 생명체들이여, 간절히

호명하느니 무늬만 포장한 저 거대한 악령의 화신들을 저주하고 비난하라.

 마침내 때가 왔다. 기나긴 동면과 반복되는 침묵……
비로소 내 갈 길을 찾은 것이다. 극우여, 수구여, 혹독한 독재의 대물림이여, 나를 저주하라.

3과 7의 방정식

 이상야릇한 숫자놀음에 정력을 소모한지도 꽤 오랜 시간이 흘렀다. 예를 들자면 시도 때도 없이 하나, 둘, 셋. 딱 세 번씩 호흡을 끊는다던가 물 칠을 하고 머리를 감을 때 세면대에 고개를 처박는 숫자가 그렇다. 다만 머리를 감을 때는 예외 없이 일곱 번에서 매듭을 짓는다. 세 번만으로는 어딘가 옹색하고 떨떠름한 구석이 내재한 까닭이다.

 계단을 오르내릴 때도 이 황당한 작업은 계속된다. 이를테면 3이나 7의 숫자에서 걸음을 끊어놓고 나만의 독특한 행복방정식을 대입하기 바쁘다. 달리 보면 기이하고 잔망스럽기도 한 이 무미건조한 칠푼이 짓을 당분간 멈추거나 포기 할 생각은 눈곱만큼도 없다. 그만큼 3과 7이 주는 숫자의 의미나 각별함은 이미 내 가슴에 소프트웨어로 저장된 맹목적 희구의 절대치로 자리 잡은 까닭이다.

 좀 더 분명히 고백하자면 이 신기루 같은 아득한 꿈의 구현에 목마른 궁색하고도 초라한 이기주의에 도취된 내 편견과 만용의 극단적 표출이다. 딴은 역설의 논리를 대입하자면 희망이라는 추상명사를 저주하고 혐오하는 가학적 피해의식에 다름 아니다. 그만큼 이제 절망조차도 사치일 수 있는 초극의 한계선상에 내 헐벗고 초라한 몸뚱어리를 진상하고 있는 중인지도 모른다.

 그래도 나는 이 뻔뻔스럽고 음탕한 작업을 계속할 것이다. 때론 예쁜 이름의 무당 소화같이 주술을 주문처럼 외워가며 3과 7의 숫자에 목을 메달 것이다. 그래야 내가 거친 숨이라도 몰아쉬며 마지막 남은 그 무엇인가를 두 눈 부릅뜨고 지켜볼 수 있기 때문이다.

길 위에서 길을 잃다

오랜만의 외출이다. 꼬박 사흘간의 혹독한 면벽이 깨진 것도 순전히 내 의지가 아닌 주변의 강요 탓이었다. 눈길이 미끄럽다. 눈이 미끄러운 게 아니라 내가 미끄럽다.

격렬한 패배의 쓴 잔을 들이킨 이후로 단 한 번도 전화벨은 울리지 않았다. 내가 두려운 건지, 아니면 내가 상대를 철저히 무시하고 거부한 것인지는 몰라도 이 둘의 상관관계는 어쨌거나 무의미하다.

다만 문자나 카페트(카카오 톡, 페이스 북, 트위터)를 통해 클로즈업 되는 주변의 안부들. '오 년 참았는데 오 년 더 못 참을라구.' '네 일도 아닌데 너무 마음 쓰지 마.' ㅋ, 난 그대로인데, 강조하자면 맹맹한 무채색인데 왜 지들이 앞 다퉈 지지고 볶고 난리 블루스냐.

또 그래. 희망이 비록 절벽이라지만 만약 그 오물통 속에서 꽃 한 송이 피어난다면, 뭐 그럴 수도 있는 게지. 몰라, '소문 난 잔치 먹을 것 없다'지만 소문 안 난 잔치에 특 A급 갈비찜이 상다리조차 부러뜨릴지 사람 앞 일 누가 아냐구?

ㅎ, 그래도 이건 아니지. 정말 아니다. 내 나이 오십 중반 지천명이라는데, 눈 감고 귀 막고 머리채를 잡아채 싹둑싹둑, 그도 아니면 대명천지 총질에 곤봉을 앞세워 토끼몰이 하듯 유치장에 처박아 넣고 물고문, 전기고문...... 사과탄과 지랄탄에 장렬한 투사마냥 맨몸으로 맞섰던 내가, 내 또래의 그들이 왜 이토록 역겹고 혐오스러운지 참 알다가도 모를 일이다. 그보다 미래가 창창한 너희 같은 젊은이들에게 압제의 사슬과 왜곡된 불행한 과거의 유산을 덤터기 씌워 미안타. 아니 내일의 첨병이 될 최후의 보루와도 같은 너희들의 작고 소박한 꿈 한 조각조차 지켜 주지 못하고 되래 강탈한 내가 밉고 저주스럽다. 정말 미안타.

음울한 캐롤 송이 장송곡으로 무너져 내리는 이 아침, 길 위에서 길을 잃어버린 나 홀로 작취에 젖어 비틀거린다. 요즘은 눈이 미끄러운 게 아니라 이렇게 내가 미끄러운 날들의 연속이다.

5부

다시 촛불 아래서

사랑극장

'포르륵, 포르륵'
추위란 녀석이 요 며칠
느슨하게 허리띠를 푸는가 싶더니
급기야 북풍한설을 동반하고
가열찬 남진을 시작 했습니다

'춥다!'
'추워!'

시린 손 부비는
사람들의 입마다

고드름처럼 찰싹 달라붙은 이 겨울의
유폐된 언어입니다
며칠 전 안부 인사에
게으른 회신,
부재중이거나
수취 불명의 반송편지,
아니면 우체부의 배달 사고쯤으로 이해하기 바랍니다

변명하자면 아직도 바람은 차고
길도 미끄럽고
우리들의 항해 또한 먼 까닭입니다

'사랑극장'
그곳엔 정말 이 혹한의 겨울에도
한 송이 꽃은 피어나고
연례행사의 덤핑세일과도 같은
싸구려 사랑타령이 아닌
사랑다운 사랑이 둥지를 틀고 있나요?

그랬으면 좋겠습니다.
그런 곳이었음 정말 좋겠습니다.
맞닿은 체온을 섞어 설국의 동토를 해빙시킬 수 있는,

안부 고맙습니다
아름다운 날들 장만하세요.

절망도 좌절도 사치다

밤은 서럽다. 더구나 별도 달도 숨죽인 까만 밤은 청상과부의 속치마에 일렁이는 바람처럼 지독한 그리움이 나를 또 슬프게 한다. 햇살 쨍쨍한 대낮에도 낮달은 떠흘러가는데 어찌하여 태양은 밤을 경멸하는가. 천문학에 문외한인 내가 이 일에 의혹의 눈길을 주는 것조차 시덥잖은 일이다. 아니 부질없는 일이다. 다만 이 밤이 대낮처럼 온통 환했으면 좋겠다.

결국 포기하고 말았다. 어쩌면 이 극단의 좌절과 절망은 이미 내 젊은 날의 소시민적 비겁성에서 잉태된 불행한 결과의 산물이다. 그때 최루탄과 곤봉에 맞서 돌멩이를 집어던지던 치기어린 영웅심조차 고갈된 나는 이제 정말이지 아무 것도 할 수 없다. 그래서 더 민망하고 죄스럽다. 장년이나 노년은 차치하더라도 스스로 촛불을 들고 불의에 분연히 항거하는 이 땅의 의로운 새싹들에게, 그 열혈의 젊은이들에게 나는 도대체 무엇으로 감응할 것인가.

아무 것도 없다. 가진 것이 없기에 대물림 할 수고로움도 덜어서 좋다. 분명한 것은 머잖은 날에 나도 촛불을 들고 당당하게 그들의 대열에 동참할 것이다. 울먹임에 들썩이는 어깨를 두드려가며 '새날이 올 때까지 흔들리지 않게' 그들과 함께 그들의 아픔을 공유할 것이다. 희망은 꿈꾸는 자의 몫이다. 그 꿈을 결단코 그들에게서 도적질 할 권리는 누구에게도 없다. 아직 절망하기에는 이르다. 그래서 절망은 사치다. 좌절도 사치다.

견공이 존경스럽다

혹독한 패전에 불치의 몸살을 앓던 그날 이후로 내 가슴엔 탄흔의 상흔이 불명예의 훈장처럼 각인되어 있다. 그래서 지금도 외출은 금기중의 하나다. 말하자면 자연스럽게 은둔형 외톨이의 거룩한 대열에 동참하고 있는 것이다.

겸손의 미덕을 발휘하자면 우리들은 그를 선택해서 추종한 전사나 졸개에 불과했고, 다수의 장수들은 맥 풀린 전투로 패전의 멍에를 대수롭잖게 접수하고 서둘러 적과의 동침에 열애중이다. 패장들을 단두대에 올려 목을 베더라도 시원찮을 마당에 죽어가는 졸개들의 분노와 아우성조차도 끝내 묵살하고 말았다. 그렇다. 그들만의 단련된 생존전략, 추악한 목숨구걸의 한 단면이다.

내가 33개월여 군복무를 했던 5사단에는 사단기가 없다. 없는 것이 아니라 전투 중 적군에게 빼앗겼다. 그깟 사단기를 복제하는 일은 어렵지 않으나 불문율은 따로 있다. 언젠가는 기필코 다시 되찾아오겠다는 각오와 다짐, 참다운 군인정신이 그 안에 녹아있는 것이다. 그런데 이놈의 대선 전사들은 하나같이 이 꼬락서니라니,

비겁하고 졸렬하기 짝이 없는 그들을 믿고 따른 내 자신이 원통하고 분하다.

 무튼 금고형 내지는 징역형을 선고받고 칩거 속에 부침중인 내게 카톡을 통해 전달된 메시지는 신선한 충격이었다. 바람이라도 쏘이라는 산행초대는 기분전환용 청량제와도 같은 것이었다. 서둘러 두 시간을 달려갔지만 약속시간 접선에 실패했다. 묻고 물어 어렵사리 약속장소에 근접할 무렵, 먼저 갈테니 뒤따라오라는 것이다. 경고성 사격으로 웃어넘기고 마침내 그곳에 안착했더니 아뿔사, 일행들은 흔적도 없이 종적을 감추고 말았다. 찰나의 흔들림, 그래도 산을 오르다 보면 그들은 나를 기다리고 있으리라. 하지만, 몇 번의 갈림길에서 망설이다 끝내는 하산하고 말았다. 그들도 폰을, 나도 폰을 타전할 수는 있었다. 하지만 끝끝내 숫자를 누르거나 벨은 울리지 않았다. 화인 찍어 서약하리라던 각오답게, 시쳇말로 쿨하게, 그렇게 우리는 한 겨울 이별연습을 화끈하게 연출하고 말았다.

 어쨌거나 늦은 내가 잘못이다. 다만 약속장소가 그들

에게는 코앞이었고 나는 두 시간을 넘게 달려왔다. 어차피 기다렸다면 2,3분 더 기다려 줄 아량과 배려는 사치인가. 더구나 초대한 쪽은 너희들이 아니었더냐.

우리 집 강아지 땡순이는 내 양말도 벗겨주더라. '너라는 존재를 알수록 견공이 존경스러워진다.' 버나드 쇼 버전으로 또 이 혹한의 아침을 연다.

좌절과 절망도 사치인 나날의 연속이다. 꿈과 희망이란 단어를 대체 누가 만들었는가? 이 고급스런 부르주아적 언어를 언 땅에 송두리째 패대기치고 싶다.

멀어진 꿈

 달포 넘게 페북과도 절연을 작정했다. 게으름과 방관에 연유한 까닭이겠으나 그보다 차돌처럼 굳어진 가슴 속 종양이 주범이었다.

 나를 향해 일대 반격의 고삐를 꼭꼭 옥죄어오던 이 세상의 모든 볼썽사나운 흉물스러운 것들도 시나브로 골 깊은 심해의 늪으로 추락하고 있다.

 스스로 절필을 강요한 내 거친 글 밭은 아직도 혹독한 굶주림에 얼어붙은 동토의 땅이지만 그래, 머잖아 여명과 함께 기필코 동은 터 오르리라.

 꿈,
 희망,
 그리고 비전이라는 것

 스피노자의 연약한 사과나무가 저 거친 폭풍을 당당하게 대적할 수 있다면, 생의 절반을 풍장으로 흐느낄지라도 꾸고 또 꾸어도 좋을 일이다.

어떻게 지내냐고요?

수 개표 청원
선거 무효 소송
국정원년, 십알단, 일베
마침내
혹한에 대적하는 저 대한문 촛불……

페북님,
어떻게 지내냐고요?
"암 생각 없이 삽니다."
내 기분이 어떠냐고요?
"참 지랄 같습니다!"

그런데 어머니,
아직도 촛불을 켤 때가 아닌가요?
아니면 너무 늦은 건가요

이제 겨우 5일째인데
앞으로 남은 5년을 어떻게,

도대체 어떻게……

춥다 추워

 춥다. 옆구리도 시리다. 마음도 가슴도, 온통 시리고 춥다. 비대칭의 육체와 정신 반응이 작취에 해장술과 결탁한 참담한 결과다. 아무래도 좋다. 겨울이니까, 계절을 핑계로 춥다고 엄살을 떨어도 사람들은 관용의 면죄부에 인색치 않을 것이다. 그들의 심성은 한없이 곱고 나약하므로.

 나는 올겨울이 유난히 더 춥고 떨린다. 또 그들은 악마의 화신과도 같이 내 나잇살의 무리들을 저주하고 능멸했으므로…… 이에 대한 반감이나 반론을 제기할 생각은 눈곱만큼도 없다. 체질상 어울리지도 않거니와 그만큼 비겁하고 노쇠해진 까닭에. 그보다 탕감 못한 부채의 응보로 상쇄하면 그만이다.

 오늘은 날이 좀 풀렸으면 좋겠다. 한 조각 빛조차 허용할 수 없는 방구석에 처박혀 발 동동 구르며 사지를 비틀지도 모를 일이지만 창밖의 햇살만큼은 싱싱하고 푸르렀음 좋겠다. 그래서 저 대한문에도 썩어 문드러진 양심들이 부활하고 꽃 피고 새가 우는 희망의 화신들이 함성의 촛불로 활활 타올랐음 참 좋겠다.

 하지만 내 앞에 봄은 아직 멀리 있다. 지독하게 춥다, 추워.

보신각 타종

새해가 밝은지도 한참인데
뜬금없는 보신각 타종이라,
이 무슨 뚱딴지같은 해괴한 반란이냐?

하여 나는,
오늘 이 비굴하고도 부끄러운
치욕의 날들과의 결별을 위하여
사지가 뒤틀리고 얼얼하도록
주구장창 깊은 잠에 열반하리라

이렇듯
한동안 내 아침의 문은 결코 열리지 않으리라
마치 열쇠를 집어삼킨 육중한 자물통처럼……

젊은 그대들이여, 미안하고 죄스럽다

방관과 깊은 침묵에 안주하며 이 시대를 이 꼴로 만든 우리들의 비겁함이…… 젊은 그대들이여, 사지가 뒤틀리고 입까지 꽁꽁 얼어붙은 내가 미안하고 죄스럽다.

한여름 푹푹 찌는 해우소에서 역겹고 고약한 분내를 맡으며 '그래도 인간의 양심이 썩어 문드러지는 냄새보다 낫다.'던 법정 스님의 일갈이, 여름을 넘어 가을이 한창인데도 불현듯 되살아옴은 대체 무슨 연유에서일까.

높푸른 청정무구의 가을 하늘이, 저 보송보송하고 창랑한 햇살이 아직도 나는 싫다. 생채기로 얼룩진 골 깊은 상흔이다. 아니, 눈이 먼 까닭이다.

나를 능멸하고 영어囹圄의 몸으로 옭아맨 철천지한의 버나드 쇼여, 견공犬公이 존경스럽고 인간인 내가 죄罪스러운 날들의 연속이다.

이제는 제발 좀 안녕하게 해 달라

안녕들 하십니까?
'아니요. 안녕하지 못합니다.'

요즘 고공행진에
상종가를 치고 있는 세간의 화두다

물론
'나는 안녕하시다.'는
소수의 특별한 무리도 있다

민주와 정의의 상징이었던
건전한 사고로 무장한 대학생들이
깊고도 깊은
침묵의 늪을 서성일 때
절망 같은 비애가 솟구쳤다
이 비굴한 생존방식의 사슬을
묶인 내지 방치한 쉰 중반의 나는,
소시민적 비겁성에 눈치만 보는
나는
과연 그들에게 무엇이었는가,

이제 우리는
소통과 배려,
사회적 합의에 인색한
저 눅눅한 세상을 향해
미친 듯이 무어라고 갈구하듯
분연히 궐기하여
소리칠 때도 됐다
아니, 나도 그대들과 끈끈한 맥박을 함께하고 싶다

나 역시
절대로 안녕하지 못하므로,
이제는 제발 좀 안녕하게 해달라고……

다시 촛불 아래서

그 혹한의 어느 겨울
대통령 탄핵이라는 피켓을 흔들며
주말 저녁마다 광화문을 오가다
마침내 국정농단의 주범을
우리 손으로 끌어내린 쾌거도 엊그제 일인데

이젠 또
서초동에서 의사당 대로변으로 몰려나와
옹이 진 세월을 용케도 견디고
검찰개혁, 언론개혁을 부르짖고 있는
또 다른 나를 발견한다

서리꽃을 눌러 쓴 채
목청껏 불러대는 홀로 아리랑
이 이순의 절망가가 어찌 나뿐이랴,
비겁한 만큼 이렇게 살아서
우린 또
몇 날을 이토록 부대껴야 하는가,

의로운 함성의 끝자락에서

어렵게 채혈한 내일의 작은 희망을
한 움큼 쥐고 돌아오는 길

문득 배가 고프다.

성탄의 아침

 마지막 남은 너희들의 실오라기 같은 꿈 한 조각조차 강탈한 내가 밉고 저주스럽다 캐럴이 장송곡으로 무너져 내리는 성탄전야의 이 우울한 아침 갈 곳 잃은 나 혼자 작취에 젖어 비틀거린다. 초점 잃은 두 동공에 미결의 갈색 수의가 파르르 갈잎으로 흔들거리는 지금.

6부

비 내리는 날은 사당동에 가고 싶다

모교여 영원하라

해는
떠오르는 것이 아니라
우리가 스스로 장만하는 것이다

달도
그저 빛나는 것이 아니라
우리가 그렇게 만들어 가는 것이다

작디작은 물방울들이 모여
강을 이루고 바다를 열듯
묵묵한 정진 속에
상아의 탑을 쌓아
마침내 여기까지 왔다

인자한 스승의 가르침과
불타는 지성으로 무장한
이 시대를 이끌어 갈
의롭고 찬란한 전사
그 이름 정고인이여,

한샘 골의 명예와 전통을 짊어진
자랑스런 그대들이여,
아니 모교여,

그대들의 앞날에 영광 있으라
다만 영광 있으라.

(모교 정읍고등학교 상징탑 시비 전문. 2016)

도심 속 밀림지대

하, 글쎄 그게 언제였던가. 몇 년 전부터 아내가 버려진 상자랑 화분들을 주워 모아 옥상 귀퉁이에 푸성귀를 기른 지도 꽤 오랜 시간이 흘렀다. 부추, 오이, 호박, 가지, 감자, 쑥갓, 돈 나물, 고추, 들깨, 수박, 참외, 토마토, 땅콩, 방풍나물, 여기에다 관상용 양귀비까지… 푸성귀들의 만물상이다. 이것들이 옹기종기 둘러앉아 한바탕 장맛비에 몸을 움츠리는가 싶더니 용케도 살아 튼실한 열매들을 주렁주렁 뽐냈다. 그까짓 반 평 땅의 소출이 얼마랴 싶지만 한 지붕 세 식구 식탁을 풍요롭게 가꾸는 건 기본이고 물 건너간 탐라 땅 큰놈 내외까지 종종 수혜가 가는 걸 보면 볼수록 신기하고 대견하다. 또 이것들이 여름 한 철 뜨거운 햇살과 비바람의 조력을 등에 업고 도심 속 밀림을 형성하다가 마침내 내줄 것 다 내주고 분골쇄신할 때쯤이면 어김없이 찬바람이 분다. 때가 되면 시든 잎들을 떨어뜨린 채 비우고 버려가며 앙상한 뼈다귀와 함께 제자리로 회귀하는 저 위대한 자연의 섭리여, 모순의 절대치여, 이젠 반 농부가 된 아내도 점차 이 푸성귀들을 닮아가듯 해가 갈수록 한 올 한 올 파뿌리 같은 흰 머리카락을 굴곡이 진 이마에 파종한다. 푸성귀들을 닮아가는 아내 옆에서 나도 서서히 아내를 닮아간다. 그렇게 우리는 한 몸이 되어간다.

서울행 완행열차

 흑 고무신 한 짝이 흙먼지 자욱한 낡은 차창에 매달려 하품을 해대며 졸음에 겨운 날 서울행 완행열차는 가쁜 숨을 분사하며 숙이네 담 모퉁이를 힘겹게 기어오르곤 했다. 날마다 가까이서 기차를 공짜로 볼 수 있는 숙이는 얼마나 좋을까 그런 생각이 들었다 제풀에 지칠 때마다 간혹 울어대던 기적 소리는 풀 섶에 웅크린 까투리 울음소리와 맞물려 아득한 설원으로 소실을 반복했다.
 누구랄 것도 없이 생각만으로도 그리운 이름들을 애써 호명하며 완행열차를 타고 기억의 강을 건넌다. 초강 역에서 탄 기차가 신태인 김제 역을 거쳐 이리 역에 다다를 즈음엔 콩나물시루가 된 객실의 메케한 담배 연기가 잠시 눈을 멀게 해도 싫지만은 않았다.
 김제를 지나면 지평선 아스라이 드넓고 풍요로운 호남평야가 한눈에 들어왔다. 이곳 사람들은 적어도 쌀밥 하나는 배불리 먹을 것이란 생각에 왠지 자꾸만 부러운 생각이 들었다.
 강경 역이나 논산 역에 다다를 그때쯤 어머니는 조심 조심 치마끈을 풀고 삶은 계란 두 개를 꺼내 부르튼 내 양손에 꼭 쥐어주었다.
 "쬐끔씩 애껴서 먹어야 혀."

계란을 움켜쥐고 바라보던 차창풍경은 동화 속 신비의 나라와도 같은 낭만과 풍요의 땅 그 자체였다. 어쩌면 양손에 꼭 쥔 삶은 계란의 위력이었는지도 모른다.

간혹 다투는 소리, 고성과 삿대질, 객실 안이 시장판을 닮아 가는가 싶더니 끝내 날카로운 비명소리가 일순 모두를 고요한 침묵 속으로 빠져들게 했다.

"에구머니나, 저놈 잡어. 저 쓰리꾼 놈 잡으랑게!"

아낙의 날카로운 울부짖음에 어머닌 부리나케 치마폭에 싸맨 지전부터 확인하고 급기야 안도의 한숨을 내쉰다. 술주정뱅이가 병나발을 불어대고 소란을 피워도, 쓰리꾼이 아낙의 전대를 낚아채 삼천포로 줄행랑을 쳐도 무심한 것은 기차다 그렇게 기차는 목적지를 향해 다만 쉼 없이 흘러만 간다.

대전 역을 넘어설 즘엔 사람들은 하나둘 무겁게 고개를 떨어뜨린다. 복 많아 앉아가는 이들이야 그렇다 쳐도, 물건이 차지해야 할 선반이나 화장실 변기 위, 콩나물시루 같은 통로에 꼿꼿이 서서 눈 감고 가부좌를 트는 사람들, 부처님은 산사의 법당에만 있는 것이 아니었다. 이렇게 흔들리고 부대끼면서 신탄진역을 지나 금강철교를 건너고 또 몇 개의 캄캄한 굴을 빠져나오면 조치

원 역에 다다르곤 했다.

　눈 쌓인 저 아득한 황톳길 너머엔 또 무엇이 나를 기다리고 있을까, 차창을 스치는 풍경들을 놓칠세라 토끼눈을 굴리듯 내려앉는 눈꺼풀에 힘을 주었다. 판매원의 손수레에 매달린 마른오징어와 실에 꿰인 땅콩이 어찌 그리 맛나 보이던지, 먹고 싶다고 떼쓰면 머리통에 후드득 큼지막한 호두알이 무더기로 솟아오를 판이었다.

　호두과자 냄새가 식욕을 자극하는 천안역을 넘어 수원역에 들어서면 열 시간 넘게 달려온 기차는 종착역이 멀지 않았다고 기세 좋게 경적을 울려댔다. 그때서야 사람들은 부스스 눈을 비비고 끼리끼리 웅성거리며 제법 부피가 넉넉한 짐 보따리를 하나둘 고쳐매기 시작했다. 고추장 된장 냄새, 그 독한 신 김치 냄새가 코를 찔러도 모두는 무표정이다. 한바탕 소나기와도 같은 아우성이 제풀에 지쳐 가물거릴 때쯤 마침내 기차는 영등포와 노량진을 거쳐 초등학교 도덕책 표지를 장식하던 꿈에 그리던 한강대교를 씩씩하게 점령하며 또 구성진 가락으로 나팔을 불어댔다.

　수많은 무리의 사람들이 줄다리기를 하며 끌었는지, 검고 거대한 기차의 화통이 이끌었는지 꼬박 열한 시간

반 만에 기어코 기차는 용산역에 열차 안의 내용물들을 남김없이 쏟아냈다.
 "눈뜨고 코 베가는 서울이고만. 해찰 말고 손 꼭 잡으랑게. 어서."
 투박한 엄니의 손에 이끌려 빌딩 숲 사이를 아슬아슬 용케도 비켜 가는 버스를 타고 내리고 그러고도 한참, 언 손을 호호 불며 눈 쌓인 뚝방 길을 걷고 또 걸어 마침내 도착한 곳이 중랑천 판자촌 이모네 구멍가게였다.

고구마 줄기

 고구마 줄기를 움켜쥔 아내의 손끝에서 용광로 같은 여름밤이 녹아내린다.
 구순 노모가 시골 집안 귀퉁이마다 식재한 고구마 줄기를 따서 택배로 보냈다.
 숨 막힐 듯 답답한 상자에 갇혀 천리길을 달려온 고구마 줄기들은 그 속에서 잘 익은 파김치가 됐다. 그것이 상하기라도 할까 봐 아내는 밤새 그것들과 씨름하다 뜬눈으로 지샜다.
 먼 곳에 사는 아들 내외의 식탁에 이것들을 진상할 요량으로, 내 어머니가 했던 그대로 되새김질 한다. 이것들은 이런 어미의 마음을 열에 하나라도 알기나 할까.
 아직도 얼굴은 아줌마고 마음은 청춘인데 할머니가 되어가는 아내의 모습에서 쓸쓸한 노년의 그림자를 본다.
 이처럼 알게 모르게 나도 따라 늙어간다.

함덕에서

죄 많은 애비처럼
등 굽은 나무 아래
살갑게 둥지 튼 그곳에

내가 아닌
바람이 먼저 와 울고 있더라

한 잔 술에 취하는 것도
내가 아니라
파도고 바다더라

그리움에 취하고
사랑에 취해서
네 그 투명한 눈동자에 취해서

온 밤을 목 놓아 울어도
취하는 것은
내가 아니라 바람이더라

한겨울 차디찬 눈바람뿐이더라.

두 친구

별로 안 친하고 싶다

난 늘 그 모양인데
한 친구는 고딩 수석이고
또 한 친구는 삶 자체가 생불이다

난 그냥 악바리일 뿐인데
두 친구 앞에 서면
작은 몸이 더욱 움츠러든다

생각 같아선
큰소리도 치고
객기도 좀 섞어보고 싶지만
멋쩍은 살풋한 침묵만으로도
이내 내 마음 알 것 같아,

나는 실없이 비명 같은 아우성으로
줄곧 파이팅을 외친다

"이보게,

어쩌면 인생은 술잔이여,
그 술잔 속 흔들림과도 같은 것이여."

내 말에 화답하듯 두 친구는
그렇게 아무런 원망도 없이
밤새 입안 깊숙이 술잔을 털어 넣는다

그것도 열에 아홉은
늦은 밤 사당동 으슥한 골목길에서.

비 내리는 날은 사당동에 가고 싶다

이렇듯 갈비[1] 톡톡
등줄기를 적시는 날
왕십리 밤거리에서 나누는 술도 좋지만
이런 날
사당동 뒷골목에서 기울이는 술맛은
더욱 운치가 있어 좋다

번거로운 교신 없이도
딱 한 잔 때리자면
자다가도 눈 비비고 반겨주는
솜이불같이 참 포근한
그런 친구가 곁에 있어 좋다

날이 선 뼈 있는 얘기도
부드럽게 소화 시키며 분해하는
정수리에 수북한 흰 서리를 짊어지고
환한 웃음조차 겸손한 그 친구를 마주하면
한겨울에도 가슴 한편이 따뜻해진다

손에 쥔 것 없이도

우정의 온기에 젖어드는 얼굴이
자꾸만 화끈거려
멋쩍게 술잔을 부딪치면
그 잔 속에 또 친구의 여유로운 미소가
잘 익은 보름달로 차오른다

한 세상 삶을 유영하면서
친구라는 이름으로
내가 그댈 만난다는 것은
양치기 목동이
스테파네트를 기다리던
그 설렘쯤으로 생각해라

어쨌거나 우리는
이 험한 세상에서 만나
잘 숙성된 발효주처럼
향기 그윽한
친구라는 이름으로 공존하거늘,

그대여,

혹여 답답하고 허전한 날
호리병 허리춤에 꿰차고
바람으로 오시게나
그 바람의 살폿한 미소로 오시게나.

註) 갈비-가을비.

복분자

팔순 넘은 노모가
한여름 땡볕 아래서
복분자를 딴다

장독대를 어슬렁거리던
배암의 혓바닥 같은
그 검붉은 입자

숨을 쉬는 한
움직이는 것이 낫다며
소일거리요, 허드렛일로
일당 오만 원의 거금을 손에 쥘
세상에 이만한 일도 없다는,
그래서 행복하다는 노파

또 그것이
손주 녀석 용돈이 되고
마늘, 고추 같은 양념이 되는,

아침이슬을 밟고

해거름이 되도록 온종일
굽은 어깨 한번 펴기조차 버거운
어머니

이 여름엔
땡볕도 나도
덩달아 죄인이 된다

팔순 넘은 노모가
한여름 복분자밭에서
뙤약볕을 딴다.

우울한 작별

늘 그랬던 것처럼
팔순에 두 고비나 넘긴 노모는
온갖 것들을 꾹꾹 눌러 보자기에 싸매더니
서리꽃 만발한 정수리에 받쳐 들고
어서 따라오라시며 역을 향해 내 달린다

약속은 냉정한 것
덤이나 에누리에 인색한 기차는
우리들의 이별을 시샘하듯
바람보다 앞서 와
목이 쉰 기적 속으로 나를 몰아넣는다

이별을 행할 때마다
울컥 솟구치는 이 설움의 무늬,

"잘 있어."
"잘 가."

하늘을 원망하듯
핏기 없는 손만 흔들어대는
건조한 마찰음의 구슬픈 인사가
앞으로 생전에 몇 번이나

그리움이란 이름으로 호명될는지,

그럴 때마다 기차는
여독에 지친 다리를 절며
참았던 울음보따리를
첫날밤의 초경처럼 배설하고
흥건히 버선발을 적시곤 했다

'응답하라, 1994'
이보다 더 지독한 불효

지금쯤 노모는
허름한 창고 같은 뉘 집 문간채에서
가물거리는 세월의 한 축을 부여잡고
매운 고추꼭대기와
일전을 불사하고 있으리라

그래도 아직은
이렇듯 마주 보며
이별의 손을 흔들 수 있고
찾아갈 고향이 있는 나는
세상 누구보다 행복한 불효자의 표본이다.

거짓말

"먼[1] 조문을 또 왔어?"
"친구 아버지."

"몇 살 자셨어?"
"응, 아흔 살."

"이번엔 또 누구여?"
"친구 어머니, 아흔 하고도 한참이여."

"조문 댕기다가 살림 망허것네."
"　　　"
　… …

팔순 넘은 노모 앞에서
항상 하는 말
아흔은 기본이고
"한참 넘었다."는 습관이 되었다

만약 십 년 후에는
망자의 나이를 열 살씩 더 올려 잡아야지

날로 쇠약해지고
해 저물 듯 가물거리는
저 야윈 모습 앞에서
내가 할 수 있는 효도의 전부는
바로 이 거짓말뿐이다.

註) 먼– '무슨'의 전라도 사투리.

큰놈과 짝

살다 보니
그럭저럭 살아지더라
요즘 들어 이 말이
왜 이렇게 가슴 속을 파고드는지
알다가도 모를 일이다

장가 안가면 안되냐던 큰놈이
삼십 중반을 넘자 어느 날 갑자기
수초처럼 향기롭고 청초한
탐라 섬 처녀를 물고 왔다
그것도 서평 국대[1]라는데,

이젠 됐다
넝쿨째 굴러온 호박처럼
더덩실 춤이라도 추고 싶지만
결혼식은 어쩌고
살림살이 장만은 또 어찌할 것인지,

무능한 애비의 못난 자괴감에
하루에도 몇 번씩
울컥울컥 설움이 솟다가도

고개 들어 하늘을 보면
이따금 푸른빛이 일렁거리기도

사는 게
뭐 별거더냐,
이순 넘어 오르는 인생길이
이렇게 지치고 거칠지라도
그래, 언젠가 내리막도 있지 않겠냐.

봄날 싱싱한 청 보리 새순처럼
푸른 꿈 넘실거리는 그런 날도 오지 않겠냐.

註)국대:국가대표

샛별처럼 찬란하여라

육 년 전 그날
유월이 여무는데도
가슴에는 시린 바람이 한창이었다

깨알 같은 손편지 몇 장 얹혀두고
연기처럼 홀연히 떠나가더니
탐라라는 그 먼 곳에 홀로 닻을 내리고
척박한 삶을 경작한 지도 어언 육 년

그 고독하고 아픈 형극의 세월을 용케도 견디며
얼마간의 세월을 단련하다가
오늘은 신실하고 어여쁜 짝을 만나
마침내 푸른 바다에 꿈에 부푼 출항의 닻을 올리느니
실로 가슴 벅찬 슬픔이어라

찬란한 일출보다
지는 해가 더 아름다운 것은
오늘보다 밝은 내일을 예비하기 때문이란다

가다 보면 모진 비바람에
거센 눈보라가 몰아치는 날도 많을 게야,

하지만 늘 처음처럼 두 손 꼭 맞잡고
푸른 싹을 틔워가며
다시 새로운 꽃을 피워낼 소중한 사람아

더도 덜도 말고
삶의 행간마다 행복을 수놓으며
곱디곱게 심성 곱게
희망찬 내일을 장만하고 경영하거라

세상의 온갖 것들이
너희들을 향해 축복으로 쏟아지는 오늘
햇살도 찬란하여라

샛별처럼 그렇게 찬란하여라.
(큰아들 최인명 큰며느리 김지은 결혼 축시)

−큰아들 인명이는 2020년 3월 4일(수) 11시 제주 중앙성당에서 관면 혼배성사를 올리고, 6월 27일(토) 12시 제주시 소재 아젠토피오레 컨벤션에서 며느리 김지은과 결혼식을 올렸다. 결혼식 축시 낭송은 인명 외숙모 김수복(중부지방노동청 사무관)이 했다.

작은놈 결혼식

어쩌면 멀고도 험한
고난과 행복의 항해여라

큰놈, 작은놈
구별 없이 똑같다

사랑도 채찍도
모두 그렇고,

축사에 축시 또한
반반씩 얹히나니

믿는다
응원 한다
잘 먹고 잘살아라.

−작은아들 윤형이는 2021년 11월 21일(일) 12시 30분 서울 내발산동 더뉴컨벤션에서 며느리 이유진과 결혼식을 올렸다. 이 시집은 아버지 최광림시인의 정읍중·고등학교 절친들이 윤형 결혼축하 기념으로 기획, 결혼식 날 상재해서 많은 하객 분들께 작은 선물로 증정했다.

그래야만 하는 줄 알았습니다

울면 안 돼
아버지는 그래야 하는 줄 알았습니다

가슴이 아파도 말 한마디 못하는
아버지는 꼭 그래야만 하는 줄 알았습니다

간혹 먼 산을 보시며 한숨을 쉬어도
아버지는 그래야 하는 줄 알았습니다

굽은 어깨에 세상 근심을 다 짊어져도
아버지는 꼭 그래야만 하는 줄 알았습니다

어둔 밤길을 깊은 침묵으로 밝히고
길 없는 길을 만들고 또 만들어가며
마침내 대문 밖 등불을 내어 걸 듯
아버지는 그래야 하는 줄 알았습니다

주름진 얼굴과 굽은 등에
고된 삶의 무게를 다 얹혀놓고도
딴 청을 부리듯 젊잖게 돌아앉듯이
아버진 꼭 그래야만 하는 줄 알았습니다

헛기침 한소절로 세상시름 다 녹이고
구름에 가린 낮달을 헤어가듯이
아득한 허공을 향해 속울음 삼키던
아버진 그래야 하는 줄 알았습니다

비바람 찬 날이거나 눈보라치는 날에도
투박하게 잡은 손 꼬옥 움켜쥐고
앞만 보며 말없이 걷고 또 걷던
아버지는 꼭 그래야만 하는 줄 알았습니다

어쩌다 조문 후 귀가 길에
군고구마 몇 개를 꼭 움켜쥐고
말없는 침묵으로 촉촉한 눈자위를 훔쳐 내리던
아버지는 그래야 하는 줄 알았습니다

울지 않는 아버지
말 한마디 못하는 아버지
세상 모든 근심 한숨으로 날려가며
길 없는 길을 만들고
어둔 밤 등불을 내어걸던 아버지
끝내 말없는 침묵으로 눈자위를 훔치시던 아버지

투박하고 거칠게만 느껴졌던 아버지의 등이
이렇게 따뜻한 줄 몰랐습니다
이렇게 포근한 줄 미처 몰랐습니다

하지만 지금은 가고 없는 아버지

아버지는 꼭 그래야만 하는 줄 알았습니다

아버지는 정말 그래야만 하는 줄 알았습니다.

Epilogue

죽을 쑤어 밥을 만들고

  글쟁이로 살아온 지 마흔 세 해 째다. 그동안 7권의 개인 시집을 상재했는데 아쉬운 듯 하지만 자족한다. 다만 7집에 이어 8집을 내는데 10년의 세월을 까먹었다. 어지간히 나태하고 게으른 내 단면을 마주하는 셈이다. 이조차 지우들의 배려로 둘째 놈 혼삿날에 맞추어 출간하게 됐다. 글은 쉬지 않고 써왔지만 어쩌다보니 내 글의 식상한 외출에 족쇄를 채운 격이다. 앞으로는 관리도 좀 하고 바짝 신경도 써야겠다.

  글쟁이는 '밥 빌어 죽 쓰는 일'이라던 선친의 말씀대로 나는 평생을 죽 쑤는 이 일에 골몰하고 있다. 그러다보면 언젠가는 죽이 밥으로 변신을 꾀할 날도 있으리라.

  이 시집상재를 성원하고 자청해서 제작비를 헌납한 친구 시호 형, 현철 형, 동원 형, 진원 형, 승연 형, 희종 형 등등 고맙고 눈물겹다.

  그래, 열심히 죽을 쑤어 밥을 만들고,
  그때가 되면 지우들에게 술 한 잔 거하게 대접하리라.

2021. 11. 15.
開雄山房에서 崔光林 識.